Published By Robert Corbin

@ Espiridión Marcos

Dieta Mediterránea: Recetas De Ensaladas

Saludables Y Una Guía De Pérdida De Peso

Saludable, Para Quemar Grasa

Todos los derechos reservados

ISBN 978-87-94477-01-7

TABLA DE CONTENIDO

Té Marroquí 1

Ensalada De Cuscús Aromático 2

Sopa De Frutas De Palma De África Occidental En Versión Norteña 4

Ensalada Doble De Frijoles 9

Ensalada De Queso, Lentejas, Tomates 12

Pollo Pilaf 14

Pollo Y Batatas 17

Pollo Y Papas 19

Canazzo 21

Pesto Fácil De Albahaca 23

Salsa De Vino Blanco 25

Receta Fácil De Poke Bowls De Salmón Ahumado 27

Receta Fácil De Pasteles Tailandeses De Gambas 30

Ensalada De Farro 32

Torta De Vegetales Mediterránea 34

Frittata Piccante 38

Pez Espada Y Rúcula 40

Selecciones De Desayunos 42

Ricotta De Almendras Con Miel Y Melocotones En Un Muffin Inglés 45

Bebida De Flores De Hibisco 47

Jengibre - Piña - Zumo 49

Té De Menta Marroquí 51

Guiso De Boniato Africano 54

Paletas De Naranja, Plátano Y Piña 57

Mousse De Chocolate Y Miel 58

Mezcla De Pollo Y Anacardos 60

Pollo, Maíz Y Pimientos 62

Pavo Con Nueces Y Melocotones 64

Berenjena Parmigiana A La Parrilla 66

Rollos De Plantas De Huevo 69

Salsa De Setas Y Chalotes 71

Salsa De Tomate Rápida Sencilla 73

Receta Fácil De Salmón Instantáneo 75

Receta Fácil De Ceviche Mexicano De Vieiras 77

En Escabeche Ensalada De Huevo 79

Ensalada De Sandía 82

Pan Untado Con Crema De Atún 83

Filetes De Pescado 84

Maíz Con Mantequilla 86

Croquetas De Garbanzos 88

Aguacate, Salmón Ahumado Y Huevos Escalfados En Pan Tostado 90

Pollo Mediterráneo Con Quinua Preparado En Una Olla De Cocción Lenta 93

Tiempo Estimado De Direcciones: 96

Pechuga De Pollo Oriental 99

Siga Wot 101

Fideos Con Harissa De Soja Y Anacardo 103

Paletas De Melocotón Y Miel 107

Pudín Cremoso De Chocolate 108

Bocados De Pavo Al Balsámico Y Albaricoques 109

Pavo Con Chipotle Y Tomates 112

Pollo A La Parmesana Y Crema 114

Bocadillo De Pimientos Rojos Asados 116

Envoltura De Cordero 118

Envoltura De Vegetales 122

Receta Fácil De Rollos De Sushi Filadelfia 125

Receta Fácil De Bacalao Al Horno Con Ajo Y Limón 127

Ensalada De Cítricos 130

Ensalada De Pasta Mediterránea 131

Sándwich De Queso Mediterráneo 133

Bolígrafos Con Brócoli 135

Pasta Con Alcachofas 137

Pasta Con Camarones A La Puttanesca 140

Pizza De Pan De Avena Con Pesto De Espinacas Y Frijoles Blancos 143

Cazuela De Cuscús Marroquí... 146

Estofado De Carne En Conserva De Ghana 149

Té Marroquí

Ingredientes:

- al gusto | té (de menta)
- al gusto | té, negro
- azúcar de caramelo al gusto
- ¾ de litro de agua

Direcciones:

1. Prepara el té de menta con 1/4 de litro de agua y el té negro con 1/2 litro de agua.
2. Deja que ambos tipos se infusionen mientras están separados, luego viértelos juntos y endúlzalos con caramelo de roca si es necesario (el azúcar o el edulcorante probablemente estén bien, pero el caramelo de roca es definitivamente mejor).
3. Hace un delicioso té con un toque oriental.

Ensalada De Cuscús Aromático

Ingredientes:

- 3 cucharadas de pasta de tomate
- 1 cucharada de chutney de mango, vegano
- 1 cucharada de aceite vegetal
- 4 tomates en escabeche
- 1 pimiento verde
- ½ manojo de cebollas tiernas
- 100 ml de caldo de verduras
- 100 g de cuscús
- 3 cucharadas de tabasco vegano
- sal y pimienta al gusto

Direcciones:

1. Llevar a ebullición el caldo de verduras con el tabasco.

   Retirar del fuego, añadir el cuscús y dejar reposar durante 5 minutos.

2. Mientras tanto, cortar los pimientos en dados finos y las cebolletas en rodajas.

3. Mezclar la pasta de tomate, el chutney y el aceite y remover en el cuscús terminado.

4. Sazone con sal y pimienta, ya que puede estar ligeramente sobre sazonado.

5. Por último, mezclar las cebolletas, los tomates y los pimientos.

Sopa De Frutas De Palma De África Occidental En Versión Norteña

Ingredientes:

- 3 tomates de rama medianos
- 400 g de nata (Crema de Palma - Crema de Frutas de Palma o Crema de Nueces de Palma) de lata
- 750 ml de caldo de carne, claro y suave
- 2 cucharadas, colmadas, de pasta de tomate
- 1 cucharadita de pimentón en polvo, picante
- 1 cucharadita de pimentón dulce en polvo
- 1 pimiento pequeño, rojo, sin semillas, picado fino
- 100 g de arroz para sushi

- 1 cebolleta(s), cortada(s) en rollos finos
- 1 tallo o tallos de perejil plano, picado grueso
- 500 g | Goulash de ternera o costilla de ternera
- 20 g | de grasa de palma (aceite de palma ecológico) o aceite de coco o colza ecológico
- 2 cebollas medianas, cortadas en cubos medianos
- 3 dientes de ajo frescos, picados finamente
- 3 zanahorias medianas, peladas y cortadas en rodajas

Direcciones:

1. En primer lugar, se fríe la carne de vacuno, cortada a 1 cm de longitud, en una sartén amplia en aceite caliente, removiendo con frecuencia y dorando enérgicamente todo el

conjunto para que se desarrollen agradables aromas de asado.
2. A continuación, se añaden las cebollas cortadas en dados, el ajo picado y la pasta de tomate.
3. En el caso de la pasta de tomate, siempre es importante rehogarla también para que se desarrolle su aroma.
4. Sigue removiendo y salteando hasta que las cebollas estén bien translúcidas y empiecen a tomar color lentamente.
5. Añade ahora la guindilla picada y desglasa con el caldo de carne.
6. Lleve a un breve hervor burbujeante y luego reduzca el fuego a 1/3 y tape la olla.
7. Pele y corte los tomates en dados gruesos e incorpórelos a la sopa junto con el pimentón y la crema de palma y deje que todo se cocine a fuego lento con la tapa puesta durante al menos 45 minutos hasta que la carne esté

bien tierna. Si es necesario, pruebe de vez en cuando.

8. En los últimos 30 minutos, añadir las rodajas de zanahoria y dejar cocer a fuego lento hasta que estén hechas.
9. Cuando la sopa esté hirviendo a fuego lento, cocine el arroz pegajoso según las Direcciones: del paquete y déjelo enfriar.
10. Luego lo utilizo para formar bolas del tamaño de pelotas de golf o de ping pong, que coloco en el centro del plato para servir.
11. Por último, se puede adornar con el perejil picado y los rollos de cebolleta, según el gusto personal.
12. Sin embargo, no hace daño a la receta si se omite la guarnición.
13. En el plato original, que procede de África Occidental, se utilizan nueces de palma frescas.

14. Sin embargo, en Alemania no se consiguen, por lo que hay que utilizar crema de nueces de palma en lata.
15. Se puede conseguir en una tienda del Tercer Mundo, en una tienda de África o muy fácilmente en Internet.
16. El aceite de palma, que yo utilizo aquí para freír, tiene mala fama hoy en día. Por favor, tenga cuidado de comprarlo de calidad orgánica, procedente de cultivos sostenibles y de comercio justo.
17. Este aceite es sencillamente genial para freír, porque es muy resistente al calor y los buenos INGREDIENTES: se siguen conservando. Si no quiere comprarlo por separado, puede utilizar aceite de coco o de colza de buena calidad ecológica.

Ensalada Doble De Frijoles

Ingredientes:

- 1 taza de pimientos morrones
- ¼ de taza de cebolla
- ½ taza de aceitunas verdes
- ½ taza de aceitunas negras
- 1 taza de tomates cherry
- 1 pepino
- ½ cucharadita de ajo picado
- 1 cucharadita de condimento italiano
- ¼ taza de vinagre de vino tinto
- Lata de 15 oz de garbanzos
- 15 oz de frijoles cannellini

- ½ taza de alcachofas marinadas
- ½ taza de queso feta desmenuzado
- ½ taza de pimientos peppadew picados
- ¼ taza de hojas de albahaca fresca picadas
- ¼ taza de aceite de oliva
- Pimienta y sal

Direcciones:

1. Pimientos morrones, cortados en cubitos, cebolla, pepino, en rodajas.
2. Aceitunas verdes, aceitunas negras, tomates cherry, cortados por la mitad.
3. Garbanzos, frijoles cannellini, enjuagados y escurridos.
4. Agregue todos los INGREDIENTES: de la ensalada en el tazón para mezclar y mezcle hasta que estén bien combinados.

5. En un bol, mezcle todos los INGREDIENTES: del aderezo y vierta sobre la ensalada.
6. Revuelva bien.
7. Sirve y disfruta.

Ensalada De Queso, Lentejas, Tomates

Ingredientes:

- ½ cucharadita de sal
- 1 ½ tazas de perejil fresco picado
- 1 taza de queso feta desmenuzado
- ½ cucharadita de ajo picado
- 2 tazas de tomates cherry
- 1 pepino
- 38 oz de lentejas
- ¼ de cebolla
- 1 cucharadita de miel
- 1 jugo de limón
- 2/3 taza de aceite de oliva

Direcciones:

1. Cebolla, picada, tomates cherry, cortados por la mitad, pepino, en rodajas.
2. Lentejas, escurridas y enjuagadas.
3. Agregue todos los INGREDIENTES: de la ensalada en el tazón para mezclar y mezcle hasta que estén bien combinados.
4. En un bol, mezcle todos los INGREDIENTES: del aderezo y vierta sobre la ensalada.
5. Revuelva bien.
6. Sirve y disfruta.

Pollo Pilaf

Ingredientes:

- ½ taza de tomates, cortados en cubos.

- 6 onzas de espinacas tiernas.

- ½ taza de queso feta, desmenuzado.

- Una pizca de sal y pimienta negra.

- 1 cucharada de mejorana picada.

- 1 cucharada de albahaca picada.

- Zumo de ½ limón.

- 4 cucharadas de aceite de aguacate.

- 2 libras de pechugas de pollo, sin piel, deshuesadas y cortadas en cubos.

- ½ taza de cebolla amarilla picada.

- 4 dientes de ajo picados.

- 8 onzas de arroz integral.

- 4 tazas de caldo de pollo.

- ½ taza de aceitunas Kalamata sin hueso.

- ¼ de taza de piñones, tostados.

Direcciones:

1. Calienta una olla con 1 cucharada de aceite de aguacate a fuego medio-alto, añade el pollo, un poco de sal y pimienta, dóralo durante 5 minutos por cada lado y pásalo a una fuente.
2. Vuelve a calentar la olla con el resto del aceite de aguacate a fuego medio, añade la cebolla y el ajo y saltea durante 3 minutos.
3. Añadir el arroz, el resto de los INGREDIENTES: excepto los piñones, también devolver el pollo, mezclar, llevar a fuego lento y cocinar a fuego medio durante 20 minutos.

4. Divida la mezcla en los platos, cubra cada porción con algunos piñones y sirva.

Pollo Y Batatas

Ingredientes:

- ¼ de taza de aceite de oliva.

- Sal y pimienta negra al gusto.

- 2 boniatos, pelados y cortados en cubos.

- 1 cebolla dulce picada.

- ½ taza de queso feta, desmenuzado.

- ½ taza de aceitunas verdes deshuesadas y machacadas.

- 2 libras de pechugas de pollo, sin piel, deshuesadas y cortadas en rodajas.

- 2 cucharadas de condimento de harissa.

- Zumo de 1 limón.

- Ralladura de 1 limón.

Direcciones:

1. En una asadera, combine el pollo con el condimento y el resto de los INGREDIENTES:, excepto el queso y las aceitunas, mezcle y hornee a 425°F durante 40 minutos.
2. En un bol, combine el queso con las aceitunas trituradas y revuelva bien.
3. Reparte el pollo y las batatas en los platos, cubre cada porción con la mezcla de queso y aceitunas, y sirve enseguida.

Pollo Y Papas

Ingredientes:

- 2 rebanadas de pechuga de pollo (150 g)
- limón
- 200g de papas hervidas
- Cebollino
- rúcula
- 1 cucharadita de vinagre balsámico.

Direcciones:

1. Ponga las lonchas de pollo en un plato con jugo de limón, sal y pimienta y déjelas reposar durante media hora.
2. Mientras tanto, hervir las papas, dejándolas con la cáscara, cortarlas en rodajas y

sazonarlas con sal, pimienta, rúcula y un chorrito de vinagre balsámico.
3. Asar la pechuga de pollo escurrida de jugo de limón y servirla con una guarnición de papas hervidas y rúcula.

Canazzo

Ingredientes:

- 2 pimientos
- 2 berenjenas negras
- 4 papas
- 1 cebolla
- 300 gr de tomates pelados
- Aceite de oliva extra virgen
- Perejil
- Sal y pimienta

Direcciones:

1. Lavar y secar los pimientos, las berenjenas y las papas, cortar los pimientos en tiras y cortar las berenjenas y las papas en trozos.

2. Cortar la cebolla en rodajas y ponerla en una sartén con 4 cucharadas de aceite de oliva virgen extra; en cuanto la cebolla esté dorada, añadir los tomates pelados y cortados en trozos y dejar que tome sabor durante unos minutos.
3. Añadir las papas, los pimientos y las berenjenas, sal y pimienta y dejar cocer con la tapa en la sartén durante una media hora.
4. Después de eso, destape la sartén y, si está muy aguada, reduzca ligeramente.
5. Apagar el fuego, espolvorear con perejil picado, cubrir la sartén y dejarla reposar unos diez minutos antes de servir.

Pesto Fácil De Albahaca

Ingredientes:

- taza de nueces
- taza de aceite de oliva virgen extra, cantidad dividida
- ½ taza de queso Pecorino recién rallado Sal y pimienta recién molida al gusto
- 2 tazas de hojas de albahaca fresca empacadas
- 3 dientes de ajo fresco

Direcciones:
1. Combine la albahaca, el ajo y las nueces en un procesador de alimentos y pulse hasta que estén picados en trozos grandes.
2. Agregue ½ taza de aceite y procese hasta que quede suave.

3. Agregue el queso pecorino, la sal y la pimienta, y el aceite de oliva restante y vuelva a pulsar hasta que se mezclen.

Salsa De Vino Blanco

Ingredientes:

- 2 cucharadas de vinagre de vino blanco añejo
- 2 cucharadas de aceite de canola/oliva para untar sin grasas trans, derretido
- 2 cucharaditas de cebollín fresco finamente picado
- Aerosol de cocina de aceite de oliva
- taza de cebolla blanca finamente picada
- ½ taza de caldo de pollo enlatado bajo en sodio y sin grasa
- taza de vino blanco seco (como Sauvignon Blanc o Pinot Grigio)

Direcciones:

1. Caliente una sartén a fuego medio-alto y rocíe la sartén con aceite de cocina.
2. Agregue la cebolla y saltee durante aproximadamente 2 minutos.
3. Agregue el caldo de pollo, el vino y el vinagre y deje hervir.
4. Continúe cocinando hasta que se reduzca a ¼ de taza, aproximadamente 5 minutos.
5. Retire del fuego, agregue canola/aceite de oliva para untar derretido y cebollín, y sirva con pollo, pasta o pescado blanco (como la tilapia).

Receta Fácil De Poke Bowls De Salmón Ahumado

Ingredientes:

- Salmón ahumado, media libra
- Jarabe de arce, una cucharadita
- Jengibre molido, acuarto
- Cucharilla
- Huevos cocidos, dos
- Trozos de pecanas, dos cucharadas
- Pimienta, la necesaria
- Cilantro, media taza
- Sal, un cuarto de cucharadita
- Aderezo fácil para ensaladas, media taza

Direcciones:

1. Hierve los huevos, pétalos y córtalos en un tazón.
2. Mezclar todos los INGREDIENTES: junto con los huevos y los trozos de salmón.
3. Agregue el aderezo fácil para ensaladas.
4. Tu plato está listo para ser servido.
5. Mezcle el salmón para que los tomates y las especias cubran todo el salmón.
6. Hornea el salmón durante quince minutos.
7. Cuando el salmón esté listo, agregue el cilantro.
8. 10 Tu plato está listo para ser servido.
9. Cocine la mezcla y agregue los tomates en ella.
10. Añade las especias.
11. Cuando los tomates estén listos, agregue las especias tailandesas.
12. Agregue el caldo, los mariscos y las verduras.
13. Mezcla los INGREDIENTES: con cuidado y tapa la sartén.

14. Mezcle su paella y déjela cocinar por otros cinco minutos.
15. Agregue el cilantro y el arroz cocido encima.
16. Tu plato está listo para ser servido.

Receta Fácil De Pasteles Tailandeses De Gambas

Ingredientes:

- Ajo picado, dos cucharaditas

- cebollas verdes, tres cucharadas

- Pan rallado, media taza

- Carne de gamba deshuesada, dos tazas

- Cortadonuevoeneldo, dos cucharada

- Aceite vegetal, dos cucharadas

- Sal al gusto

- Pimienta negra al gusto huevos, dos

- Cebollas picadas, dos cucharadas

Direcciones:

1. En un tazón grande, agregue las cebollas y el ajo.
2. Agrega el resto de los INGREDIENTES:.
3. Haz tortas redondas con la mezcla.
4. En una sartén, caliente el aceite vegetal.
5. Fríe tus pasteles de pescado.
6. Saca los pasteles cuando estén dorados por ambos lados.
7. Tu plato está listo para ser servido.

Ensalada De Farro

Ingredientes:

- ½ taza de zanahoria picada
- ½ taza de hinojo picado
- ½ taza de pepino cortadito en cuadraditos
- 1 taza de tomates cortados en cuadraditos
- 2 cucharadas de alcaparras
- 2 cucharadas de ajo molido
- ¼ taza de aceite de oliva
- ¼ taza de vinagre
- 2 cucharadas de menta picada
- 3 tazas de agua
- Sal y pimienta a gusto

- 1 taza de farro
- 1 taza de aceitunas sin carozo (verdes o negras)
- ½ taza de cebolla picada
- 2 cucharadas de albahaca picada

Direcciones:

1. En una cacerola mediana colocar agua y un poco de sal y llevar al hervor.
2. Agregar el farro y cocinar por unos 20 minutos
3. Bajar el fuego y cocinar por unos 10 minutos más
4. En una fuente coloque el farro con el resto de los INGREDIENTES:.
5. Condimente con sal y pimienta a gusto y mezcle bien.
6. Sirva

Torta De Vegetales Mediterránea

Ingredientes:

- 450 gramos de zapallo amarillo sin semilla cortado a la juliana
- 3 dientes de ajo picado
- 2 pimientos rojos, sin semilla cortados a la juliana
- 2 pimientos amarillos, sin semillas cortados a la juliana
- 500 gramos de hojas de espinaca
- 400 gramos de setas cortadas en rodajas
- 400 gramos de queso de cabra (o queso feta o mozarela)
- 1 puñado de romero

- 1 puñado de albahaca picada
- Cáscara rallada de 1 limón
- 450 gramos de berenjenas cortada en rodajas delgadas
- ½ taza de aceite de oliva
- Sal y pimienta a gusto
- 2 chalotes picados
- 450 gramos de zapallos largos sin semilla cortados a la juliana
- 1 taza de tomates cortados a la juliana

Direcciones:
1. En una sartén a fuego moderado cocine las berenjenas de ambos lados.
2. En otra sartén caliente 2 cucharadas de aceite de oliva y agregue el ajo, los pimientos rojos y

cocine por unos 15 minutos revolviendo constantemente. Retire del fuego
3. En una sartén cocine los pimientos amarillos con un poco de aceite de oliva a fuego moderado por unos 10 minutos.
4. Agregue la espinaca y revuelva por unos 5 minutos
5. Retire la espinaca y en la misma sartén agregue 2 cucharadas de aceite de oliva y cocine las setas, condimente con sal y pimienta.
6. En un recipiente coloque el queso, agregue el romero, la albahaca y la cáscara de limón y mezcle bien
7. Rocíe una fuente para horno de unos 20 cm de diámetro con aceite vegetal.
8. Coloque todos los INGREDIENTES: en capas.
9. Es decir primero las berenjenas , luego sobre las mismas los zapallos, luego los pimientos amarillos, y así sucesivamente.

10. Cuando termina la primera capa, comienza nuevamente con las berenjenas y así sucesivamente.
11. Trate de formar 3 capas. Una vez terminado tape la fuente para horno y refrigere por 2 días.

Frittata Piccante

Ingredientes:

- 50 gramos de salchicha calabresa picante en rodajas
- 1 cucharadita de eneldo
- 2 cucharadas de pecorino rallado
- 1 cucharada de aceite de oliva virgen extra
- y Direcciones:
- 4 huevos
- Sal morada al gusto

Direcciones:

1. Rompa los huevos en un bol, sazona con la sal morada y bátalos bien Agregue el queso pecorino rallado y agréguese a los huevos hasta obtener una mezcla homogénea Vierta

el aceite de oliva virgen extra en una sartén antiadherente y deje calentar ligeramente Luego verter la mezcla en la base de huevo De inmediato espolvorear el eneldo encima.

2. Coloque inmediatamente las rebanadas de salchicha calabresa picante.

3. Baje el fuego a bajo, cubra la sartén y cocine lentamente Cuando la superficie de la tortilla se haya solidificado, apague el fuego Transfiera la tortilla picante a un plato y sírvala caliente, ¡disfrute su comida!

Pez Espada Y Rúcula

Ingredientes:

- 2 cucharadas. Aceite de oliva virgen extra
- 1 cucharada de semillas de mostaza
- Unos granos de pimiento verde
- Unas gotas de salsa worcester al gusto
- 50 gramos pez espada ahumado en rodajas
- 50 gramos de rucola
- Unas gotas de salsa tabasco al gusto
- Un poco de sal, el jugo de 1 limón orgánico,

Direcciones:
1. Extender la rúcula limpia, lavada y escurrida en una fuente de servir.

2. Sazone con 1 cucharada de aceite de oliva virgen extra, un poco de sal y unas gotas de salsa tabasco y salsa Worcester, luego revuelva.
3. Disponer las lonchas de pez espada ahumado ligeramente superpuestas unas sobre otras en la rúcula. Rocíe el pez espada, unas gotas de Tabasco y el Worcester con 1 cucharada de aceite de oliva virgen extra.
4. Espolvorear con algunos granos de pimienta verde y semillas de mostaza.
5. Termine rociando el jugo de limón por toda la superficie del pez espada y adorne con rodajas de limón.
6. Ya puedes servir el carpaccio picante de pez espada y rúcula en la mesa y saborear. ¡Que la pases bien!

Selecciones De Desayunos

Ingredientes:

- 1 c. De Quinua cocida y enfriada
- 1 c. De Almendras, picadas (opcional: tostar las almendras para aumentar el sabor)
- 1 aguacate grande, en rodajas
- ½ c. De hierbas verdes mixtas (ejemplos: menta, eneldo o albahaca)
- 1 limón
- 4 huevos grandes
- 2 c. De Tomates cherry, cortados por la mitad; o reliquia picada o tomates Roma
- 10 c. De rúcula enjuagada y secada

- La mitad de un pepino sin semillas, picado aproximadamente

- Sal y pimienta

- 2 cucharadas de Aceite de oliva extra virgen, para rociar.

Direcciones:

1. Hervir suavemente los huevos. Caliente una olla con agua fría hasta que hierva, luego baje el fuego hasta que el líquido hierva a fuego lento (burbujeando suavemente, o justo por debajo de la ebullición).
2. Luego, coloque suavemente los huevos en el agua con una cuchara grande, y déjelos en el agua a fuego lento durante 6 minutos.
3. Retírelos rápidamente de la olla y póngalos en agua fría inmediatamente.
4. Ponga los huevos a un lado; Pelelas cuando esté listo para usarlas.

5. Coloque los siguientes INGREDIENTES: en un tazón grande: tomates picados, pepino picado, quinua cocida fría y rúcula.
6. Mezcle para combinar, luego rocíe alrededor de la mitad del aceite sobre él. Sazone con la pimienta molida y la sal, luego mezcle de nuevo.
7. Divida la mezcla del cuenco entre cuatro platos.
8. A continuación, pele los huevos y cortelos por la mitad.
9. Poco después, cubra cada ensalada con un huevo a la mitad y ¼ de aguacate en rodajas.
10. Espolvoree las hierbas mixtas y las almendras uniformemente sobre las cuatro ensaladas.
11. Cubra cada ensalada con un poco de jugo de limón, espolvoree un poco más de sal y pimienta (al gusto) y rocíe con el resto del aceite de oliva.¡Comparta y Disfrute!

Ricotta De Almendras Con Miel Y Melocotones En Un Muffin Inglés

Ingredientes:

- ¼ de cucharadita de extracto de almendra
- ½ c. De almendras laminadas
- 2 duraznos medianos maduros, picados y cortados.
- 4 muffins ingleses de grano entero
- 1 c. De ricotta de leche entera
- 5 cucharaditas de miel
- Cáscara de naranja (opcional)

Direcciones:
1. Separar las mitades de los muffins ingleses y tostarlos.

2. Mientras que las magdalenas están tostadas, combine los siguientes artículos en un tazón pequeño: queso ricota, 1 cucharadita. de la miel, almendras (póngalos a un lado para rociar sobre las tapas, si lo desea), extracto de almendra y ralladura de naranja (almendras). Revuelva todo junto suavemente.
3. Extienda aproximadamente 1/8 de la mezcla sobre cada mitad del panecillo. Cubra con las rodajas de durazno, las almendras adicionales que reserva, y aproximadamente ½ cucharadita. de miel por panecillo medio. ¡Comparta y Disfrute!

Bebida De Flores De Hibisco

Ingredientes:

- 2 paquetes de azúcar de vainilla
- 1 cucharada de agua de azahar, al gusto
- 1 manojo de menta, al gusto
- 400 g de flores de hibisco
- 2 litros de agua
- 250 g de azúcar fino

Direcciones:

1. Poner a remojo las flores en 2 litros de agua durante 6 horas.
2. Colar las flores. Añada el azúcar, el azúcar de vainilla y
3. INGREDIENTES: opcional
4. y dejar en infusión otros 30 minutos.

5. Si es necesario, cuele las hojas de menta. Servir frío.

Jengibre - Piña - Zumo

Ingredientes:

- 300 g de jengibre fresco
- 1 litro de agua fría
- 250 g de azúcar
- 500 ml de zumo de piña (ya preparado)
- 1 limón
- 1 pizca de nuez moscada

Direcciones:

1. Pelar y rallar finamente el jengibre, verter 1/2 litro de agua sobre él y dejarlo reposar tapado durante 1 hora.
2. Vierta el agua a través de un colador en un bol grande. Vierta otro medio litro de agua por el colador con el jengibre. Añadir el azúcar, el

zumo del limón, el zumo de piña y la nuez moscada rallada, remover bien.
3. Vierta el zumo en botellas y guárdelo en el frigorífico. Se conservará allí hasta una semana.
4. Cazuela de pescado
5. Sarie-Marai

Té De Menta Marroquí

Ingredientes:

- 1 manojo de menta marroquí, (Nana), fresca, manojo grande
- 1 puñado de hojas de menta (Nana)
- 4 taza/s | de agua
- 1 cucharada de té verde chino (Gun Powder)
- 3 cucharadas de azúcar

Direcciones:

1. Hierve el agua. Añade una cucharada de té verde seco a la olla.
2. También puede utilizar cualquier té verde de su elección, pero en Marruecos (también en Argelia) suelen utilizar el té verde chino en polvo.

3. Vierte 1 taza de agua hirviendo sobre el té y escúrrelo inmediatamente. Pero vierte el agua en una taza y resérvala.
4. Se reutiliza esta primera taza ya que contiene el sabor principal del té.
5. Ahora, añade otra taza de agua hirviendo a la tetera y vuelve a verterla inmediatamente en el vaso, pero esta vez escurre.
6. Este paso es para limpiar el té suelto (ahora que las hojas se han abierto debido al agua caliente).
7. Ahora vuelve a poner el primer vertido en la tetera y llénalo de agua hirviendo.
8. Déjalo reposar a fuego medio durante 3-5 minutos.
9. A continuación, añade el manojo de menta y 2 ó 3 cucharadas de azúcar a la tetera. Deja que todos los INGREDIENTES: se cocinen durante unos 5 minutos.

10. Antes de servir, vierte todos los INGREDIENTES: en un vaso de té, manteniendo la tetera lo más alta posible para que el chorro de té entre en contacto con el aire.
11. Vuelve a verter el té del vaso en la tetera y repite el proceso 2 o 3 veces más para que se abra el aroma.
12. Por lo tanto, vierta este té en lo alto del vaso para conseguir ese aroma especial del té de menta marroquí.
13. Divida las hojas de menta entre los vasos de té y vierta el té sobre ellos.
14. Servir lo más caliente posible.

Guiso De Boniato Africano

Ingredientes:

- 1 kg de tomate(s) romano(s)
- 1 cucharada de semillas de cilantro
- 1 cucharada de semillas de comino
- 5 cucharadas de aceite de oliva
- 400 ml de agua
- 4 cucharadas de mantequilla de cacahuete gruesa
- Sal y pimienta al gusto
- 40 g de cacahuetes tostados y salados
- 8 tallos de cilantro verde
- 800 g de boniato(s)

- 100 g de cebolla(s)
- 3 dientes de ajo
- 1 chile(s) verde(s)
- 40 g de jengibre fresco
- 2 tallos de menta

Direcciones:
1. Pelar y lavar las batatas y cortarlas en cubos.
2. Pelar las cebollas y los dientes de ajo, cortar las cebollas en gajos y los ajos en rodajas finas.
3. Limpiar la guindilla y cortarla en dados pequeños.
4. Pelar el jengibre y rallarlo finamente.
5. Lavar los tomates, quitarles los tallos y cortarlos en dados.
6. Machacar finamente las semillas de cilantro y comino en un mortero.

7. Calentar el aceite de oliva en una olla grande y freír en él las rodajas de cebolla, dándoles vueltas hasta que se doren.
8. Añadir las láminas de ajo y freírlas brevemente.
9. Añadir las especias en el mortero y freír brevemente.
10. Añadir el chile, el jengibre, los tomates, la mantequilla de cacahuete y 400 ml de agua y llevar a ebullición.
11. Añadir los boniatos y la sal. Cocer sin tapar a fuego medio durante unos 15 minutos y sazonar con sal y pimienta.
12. Picar los cacahuetes en trozos grandes.
13. Lavar el cilantro y la menta, sacudirlos para que se sequen, arrancar las hojas de los tallos y picarlos en trozos grandes.
14. Servir el guiso espolvoreado con los cacahuetes y las hierbas.

Paletas De Naranja, Plátano Y Piña

Ingredientes:

- 2 tazas de trozos de piña
- 2 ½ plátanos
- 2 naranjas peladas

Direcciones:

1. Plátano, pelado y dividido en trozos pequeños.
2. Use una licuadora para licuar los plátanos, las naranjas y los trozos de piña.
3. Revuelva hasta que quede suave, luego vierta en moldes para paletas heladas.
4. Guárdelo en el frigorífico durante unas 8 horas.
5. 5 . Sirve y disfruta.

Mousse De Chocolate Y Miel

Ingredientes:

- 3 cucharadas de cacao en polvo
- 2 aguacates
- 4 fresas frescas
- 1 cucharada de leche de almendras
- ½ cucharadita de vainilla
- 4 cucharadas de miel

Direcciones:
1. Fresas, rebanadas, aguacates, sacar la pulpa.
2. Mezcle la pulpa de aguacate, la leche de almendras, la vainilla, la miel y el cacao en polvo.
3. Luego vierta en un procesador de alimentos y procese hasta que quede suave.

4. Divida la mousse en cuatro tazones y cubra con fresas en rodajas.
5. Sirve y disfruta.

Mezcla De Pollo Y Anacardos

Ingredientes:

- 2 cucharadas de aceite de oliva.

- 2 zanahorias peladas y cortadas en rodajas.

- ¼ de taza de mayonesa.

- ½ taza de yogur griego.

- 1 taza de anacardos tostados y picados.

- 1 y ½ libras de pechugas de pollo, sin piel, deshuesadas y cortadas en cubos.

- 4 cebolletas picadas.

- Una pizca de sal y pimienta negra.

Direcciones:

1. Caliente una sartén con el aceite a fuego medio-alto, añada el pollo y cocínelo durante 4 minutos por cada lado.
2. Añadir las cebollas, las zanahorias y el resto de los INGREDIENTES:, excepto los anacardos, mezclar, llevar a fuego lento y cocinar a fuego medio durante 20 minutos.
3. Dividir la mezcla en cuencos y servir con los anacardos espolvoreados por encima.

Pollo, Maíz Y Pimientos

Ingredientes:

- 1 cebolla roja picada.

- 2 pimientos rojos picados.

- ¼ cucharadita de comino molido.

- 2 tazas de maíz.

- ½ taza de caldo de pollo.

- 1 cucharadita de chile en polvo.

- 2 libras de pechuga de pollo, sin piel, deshuesada y cortada en cubos.

- 2 cucharadas de aceite de oliva.

- 2 dientes de ajo picados.

- ¼ de taza de cilantro, picado.

Direcciones:

1. Calienta una olla con el aceite a fuego medio-alto, añade el pollo y dóralo durante 4 minutos por cada lado.
2. Añadir la cebolla y el ajo y rehogar durante 5 minutos más.
3. Añade el resto de los INGREDIENTES:, remueve, lleva a fuego medio y cocina durante 45 minutos.
4. Dividir en cuencos y servir.

Pavo Con Nueces Y Melocotones

Ingredientes:

- 1 cebolla roja picada.

- Sal y pimienta negra al gusto.

- 2 cucharadas de aceite de oliva.

- 4 melocotones deshuesados y cortados en cuartos.

- 2 pechugas de pavo, sin piel, sin hueso y cortadas en rodajas.

- ¼ de taza de caldo de pollo.

- 1 cucharada de nueces picadas.

- 1 cucharada de cilantro picado.

Direcciones:

1. En una asadera engrasada con el aceite, combine el pavo con la cebolla y el resto de los INGREDIENTES: excepto el cilantro, introduzca en el horno y hornee a 390°F durante 1 hora.
2. Repartir la mezcla en los platos, espolvorear el cilantro por encima y servir.

Berenjena Parmigiana A La Parrilla

Ingredientes:

- Queso parmesano rallado
- 1 litro y medio de puré de tomate
- Aceite de oliva extra virgen
- 1/2 cebolla
- Albahaca
- 7 berenjenas negras
- Queso Provola
- Sal

Direcciones:

1. Pelar la cebolla y cortarla en cubos, freírla en una sartén con aceite y cuando esté dorada añadir el puré de tomate y la albahaca picada,

cocer a fuego medio y corregir con sal (o una pizca de bicarbonato de sodio o azúcar para eliminar la acidez de la salsa).

2. Ahora lava, seca y corta las berenjenas y ponlas en una placa caliente para asarlas.

3. Una vez que haya terminado de asar todas las berenjenas, tome una bandeja de horno, espolvoréela con un poco de aceite y ponga una primera capa de la salsa que ha preparado con cebolla, añada una capa de berenjenas, luego una salsa, espolvoree el queso parmesano rallado y añada una capa de queso provola en rodajas finas.

4. Ahora agregue otra capa de berenjena y proceda como arriba hasta que la berenjena esté terminada.

5. Al final, añade una última capa de salsa y queso parmesano rallado y espolvorea con un chorrito de aceite.

6. Ponga la cacerola en el horno precalentado a 180° durante una hora y déjela reposar durante 10 minutos antes de servir.

Rollos De Plantas De Huevo

Ingredientes:

- Albahaca
- Salsa de tomate
- Aceitunas negras
- Orégano
- Aceite de oliva extra virgen
- Berenjenas
- Mozzarella
- Sal y pimienta

Direcciones:

1. Lava, seca y corta las berenjenas y ponlas en una placa caliente y ásalas bien.

2. Coge un bol y vierte el puré de tomate añadiendo sal, pimienta, orégano y aceite y mézclalo bien.
3. Ahora cuelga una rodaja de berenjena y espolvoréala con la salsa que has obtenido, añade la mozzarella que has picado de vez en cuando, las aceitunas negras deshuesadas y cortadas en trozos y la albahaca picada.
4. Enrolle la rebanada de berenjena y posiblemente la detenga con un palillo.
5. Haga el mismo Direcciones: para las otras rodajas de berenjena y colóquelas en una bandeja de hornear donde primero haya rociado un chorrito de aceite en el fondo, hornéelas durante 15-20 minutos y sírvalas con un chorrito de aceite.

Salsa De Setas Y Chalotes

Ingredientes:

- 2 dientes de ajo fresco, picado
- 2 chalotes, finamente picados
- copa de vino blanco seco
- 1 cucharada de mostaza Dijon
- 2 cucharadas de aceite de oliva
- 1 libra de champiñones surtidos, como botón, cremini o portobello, limpios y rebanados
- 2 cucharaditas de tomillo fresco picado

Direcciones:
1. Caliente el aceite de oliva en una sartén antiadherente a fuego medio.
2. Combine los champiñones, el ajo y los chalotes en una sartén y cocine durante unos

5 minutos hasta que estén tiernos, revolviendo ocasionalmente.
3. Reduzca el fuego y agregue el vino, la mostaza y el tomillo.
4. Cocine durante 2-3 minutos más o hasta que estén bien combinados y calientes.
5. Servir con pollo o pescado.

Salsa De Tomate Rápida Sencilla

Ingredientes:

- 4 dientes de ajo fresco, pelados y picados
- 1 lata (28 onzas) de tomates Roma enteros pelados, sin escurrir Sal y pimienta recién molida al gusto
- 3 cucharadas de aceite de oliva virgen extra
- 3–4 hojas de albahaca fresca, picadas

Direcciones:

1. En una olla de fondo grueso a fuego medio, agregue el aceite de oliva y el ajo y saltee, revolviendo con frecuencia, hasta que estén dorados, aproximadamente 3 minutos.
2. Agregue los tomates con jugo y sal y pimienta al gusto.

3. Aumente el fuego a alto, hierva la salsa y cocine sin tapar durante unos 5 minutos, reduciendo ligeramente el líquido.
4. Reduzca el fuego a medio-bajo y deje hervir a fuego lento, revolviendo ocasionalmente, durante unos 30 minutos.
5. Agregue la albahaca y cocine por otros 15 minutos. Hace suficiente salsa para 1 libra de pasta.

Receta Fácil De Salmón Instantáneo

Ingredientes:

- Ahumadopimentón, mitad cucharilla
- Cilantro picado, según sea necesario
- Picadoajo, doscucharada
- Picadojengibre, doscucharada
- Jugo de limón, media taza
- Mantequilla, dos cucharadas
- Mezcla de especias, una cucharadita
- Cebolla, una taza
- Trozos de salmón, media libra
- Hierbas frescas, una cucharada
- Tomates picados, una taza

Direcciones:

1. Toma una olla instantánea.
2. Agregue la mantequilla y las cebollas.
3. Cocine las cebollas hasta que se vuelvan suaves y fragantes.
4. Agregue el ajo picado y el jengibre.
5. Cocine la mezcla y agregue los tomates en ella.
6. Agregue las especias y las hierbas frescas.
7. Cuando los tomates estén listos, agregue los trozos de salmón.
8. Mezcle los INGREDIENTES: con cuidado y cubra su olla instantánea.
9. Cuando esté listo, sírvelo.
10. 10 Agregue hierbas frescas encima.
11. Tu plato está listo para ser servido.

Receta Fácil De Ceviche Mexicano De Vieiras

Ingredientes:

- Cilantro fresco picado, una cuarta parte taza

- Pedazos de vieira, una libra

- Chips de tortilla, según sea necesario

- Tomates picados, dos salsa mexicana, media taza

- salsa mexicana, media taza

- Jalapeño, un cuarto de taza

- Jugo de limón, un cuarto de taza

- cebolla roja, dos Jugo de lima, un cuarto de taza

Direcciones:

1. En una olla grande con agua hirviendo, agregue las vieiras.
2. Hervir los trozos de vieira y luego escurrirlos.
3. En un tazón grande, agregue todo el resto de los INGREDIENTES:.
4. Agregue la salsa mexicana a la mezcla.
5. Agregue la salsa mexicana encima y mezcle.
6. Agregue los trozos de vieira encima.
7. Tu plato está listo para ser servido.

En Escabeche Ensalada De Huevo

Ingredientes:

- 1/3 taza de vinagre de jerez
- 1 diente de ajo
- 1/2 taza de aceite de oliva
- 1 cucharada de dijonmostaza
- 1oz de albahaca en rodajas
- 6 oz de verduras tiernas mixtas
- 5 rábanos en rodajas
- 1oz de queso idiazabal rallado
- 1 colinabo en rodajas
- 1 cuarto de galón en escabeche remolachas
- 6 huevos grandes

- 1 cucharadita de Alepo molido pimienta
- 4 oz nueces glaseadas con miel
- 1 cucharada de limón picado
- 6 anchoas envasadas en aceite, picado
- 1 cucharada de ralladura de limón

Direcciones:

1. Hierva los huevos en una olla con agua, luego reduzca el fuego y cocine a fuego lento durante 7 minutos.
2. Escurrir y correr bajo agua fría; pelar y colocar en un bol.
3. Vierta el líquido de encurtido de las remolachas sobre los huevos; cubra y enfríe durante 24 horas.
4. Precaliente el horno a 300 grados Fahrenheit con una rejilla en el centro posición.

5. Untar nueces pecanas y aleposobre una bandeja para hornear; hornee por 5 minutos, luego deje enfriar.
6. Moler anchoas con limones yajo hasta que la mezcla esté pastosa, luego agregue el vinagre y la mostaza.
7. Batir lentamente en aceite.
8. Combine verduras con albahaca, rábanos,colinabo y nueces en un tazón grande, luego revuelva para cubrir con vinagreta.
9. Seque los huevos en escabeche; córtelas por la mitad y colóquelas sobre las verduras de ensalada.
10. Servir cubierto con ralladura de limón y queso.

Ensalada De Sandía

Ingredientes:

- 1/2 taza de cebolla en rodajas
- 1 cucharadita de pimienta negra
- 1/3 taza de queso feta desmenuzado
- 3 tazas de sandía sin pepitas, en cubos
- 6 tazas de lechugas mixtas rotas
- 1 Cucharada de aceite de oliva

Direcciones:

1. Combine la sandía, la cebolla y las verduras suavementeen un tazón grande.
2. Mezcle con aceite de oliva y pimienta negra para cubrir bien.
3. Espolvorear sobre queso feta. Atender.

Pan Untado Con Crema De Atún

Ingredientes:

- 3 cucharadas de yogurt griego
- 1 tallo de apio picado
- 1 cebolla de verdeo picada
- 1 cucharada de jugo de limón
- 2 latas de atún (170 gramos) colados
- 4 cucharadas de queso crema
- 1 cucharadas de mayonesa
- 1 cucharada de eneldo

Direcciones:

1. En un recipiente combine todos los INGREDIENTES: y mezcle bien.

2. Corte el pan en rodajas y unte el pan con esta mezcla

Filetes De Pescado

Ingredientes:

- ½ taza de pan rallado
- 2 cucharaditas de cebolla en polvo
- 4 filetes de tilapia
- 1 cucharada de aceite de oliva
- ½ taza de harina
- 1 huevo batido
- ½ taza de salvado de avena
- Sal y pimienta a gusto

Direcciones:
1. Colocar la harina en un plato.

2. Coloque los huevos batidos en otro recipiente.
3. En un tercer recipiente colocar el salvado de arena, el pan rallado, la cebolla en polvo y un poco de sal y pimienta
4. Colocar una sartén a fuego moderado con el aceite de oliva.
5. Condimente los filetes con sal y pimienta y páselos por la harina, luego los huevos batidos y finalmente el pan rallado y sofreír de ambos lados.
6. Se puede servir con ensalada o quínoa.

Maíz Con Mantequilla

Ingredientes:

- 50 gr de Mantequilla
- 3 rodajas finas
- Sal al gusto
- 450 gr Maíz en tarro
- Pimienta la necesaria

Direcciones:
1. Primero, equipe una sartén antiadherente y agregue una nuez de mantequilla.
2. Mientras tanto, retira el maíz del frasco y escúchalo del agua de almacenamiento.
3. Cuando la mantequilla se haya derretido, agregue el maíz y con una cuchara de madera comience a mezclar.

4. para que la mantequilla cubra los choclos Tostar por 10 minutos Sazonar con sal y pimienta y las tajadas de tajadas finas Continuar mezclando y cocinar por otros 5 minutos.
5. Retire del fuego y sirva su aperitivo. ¡Disfrute de su comida!

Croquetas De Garbanzos

Ingredientes:

- perejil al gusto
- Jugo de limón al gusto
- 70 g de harina, 1 yema
- 1 cebolleta
- 230 g de garbanzos ya cocidos
- Sal al gusto, Aceite al gusto

Direcciones:

1. En primer lugar, pela la cebolla tierna, retira las hojas exteriores y córtala incluso en trozos grandes.
2. Poner en la batidora la cebolleta picada, los garbanzos y el perejil y triturar hasta que quede cremoso Añadir el zumo de limón y la

harina tamizada Seguir batiendo y añadir la yema de huevo y la sal Cuando los INGREDIENTES: estén perfectamente integrados verter el contenido en un bol Con las manos , o con dos cucharas, formar unas croquetas y enharinadas, en una sartén calentar el aceite de semillas y cuando haya alcanzado la temperatura adecuada freír las croquetas, tardan unos 5 minutos en que se doren bien.
3. Una vez cocidas, colócalas sobre una superficie forrada con papel absorbente para que se seque el exceso de aceite de cocina.
4. Sírvele y disfruta de tus salsas favoritas, ¡disfruta tu comida!

Aguacate, Salmón Ahumado Y Huevos Escalfados En Pan Tostado

Ingredientes:

- 2 huevos grandes
- ¼ c. de Rúcula
- 3 onzas de salmón ahumado
- Sal y pimienta, si se desea
- 2 rebanadas de pan integral, tostadas.
- ¼ de aguacate grande
- Jugo de limón, solo unas gotas.

Direcciones:
1. Dentro de un tazón pequeño, mezcle ¼ de aguacate a fondo.
2. Agregue el jugo de limón, una pizca de sal, revuelva y ponga este plato a un lado.

3. Rompa los huevos, uno a la vez. Vea las Direcciones: a continuación si nunca ha cocido un huevo.
4. Divida el puré de aguacate por la mitad y extiéndalo sobre las dos rebanadas de pan. Adorne el puré de aguacate con las hojas de rúcula, luego agregue la mitad del salmón ahumado a cada rebanada.
5. Coloque suavemente un huevo escalfado sobre cada rebanada, luego espolvoree con sal y pimienta a su gusto.
6. A pesar de que esta comida se sirve en pan tostado, ¡necesitará un tenedor y un cuchillo para comerla!
7. Direcciones: para la caza furtiva de huevos:
8. Siempre hervir los huevos uno a la vez.
9. Caliente una olla pequeña de agua hasta que hierva a fuego lento (burbujeando suavemente o casi hirviendo).

10. Rompa los huevos limpiamente en tazones pequeños individuales.
11. Use una cuchara grande para revolver el agua a fuego lento hasta que se mueva suavemente en un círculo, como un remolino.
12. Suavemente incline un huevo en el agua en remolino y déjelo allí por dos minutos.
13. Retire el huevo suavemente con una cuchara ranurada y póngalo en agua con hielo durante unos 10 segundos para detener el proceso de cocción (esto mantendrá la yema).
14. Use una toalla de papel para secar el huevo y use el borde de una cuchara para cortar las claras de alrededor del huevo.

Pollo Mediterráneo Con Quinua Preparado En Una Olla De Cocción Lenta

Ingredientes:

- 2 cucharadas de jugo de limon
- 1 cucharada de ajo picado
- 1 cebolla mediana, picada áspera
- 1 c. De aceitunas Kalamata
- 1 c. De Pimientos rojos en tarro, escurridos, picados
- 2 T. De alcaparras
- Albahaca fresca o tomillo para decorar (opcional)
- Aceite en aerosol antiadherente

- 4 pechugas de pollo medianas (sin hueso y sin piel; de aproximadamente 4 oz cada una)
- Sal y pimienta, tanto como se desee.
- 3 cucharaditas de condimento italiano
- 1 taza de quinua cruda

Direcciones:
1. Espolvoree pimienta y sal sobre las pechugas de pollo.
2. Caliente una sartén sobre el quemador de la estufa a fuego medio y cocine el pollo por uno o dos minutos de cada lado, o hasta que se ponga marrón.
3. Rocíe dentro de la olla de cocción lenta con spray antiadherente y coloque las pechugas de pollo doradas.
4. Agregue aceitunas, alcaparras, pimientos rojos y cebolla alrededor de los pechos, no por encima.

5. Dentro de un tazón, coloque los siguientes INGREDIENTES: jugo de limón, condimento italiano y ajo.
6. Use un batidor para combinarlos. Vierta esta mezcla sobre los INGREDIENTES: de la olla de cocción lenta.
7. Cubra la olla de cocción lenta. Cocer a fuego lento durante 4 horas. También puede cocinarlo a fuego alto durante 2 horas.
8. Cuando sea casi la hora de la cena, cocine la quinua según las Direcciones: del paquete.
9. Para servir, divida la quinoa en 4 platos, luego cubra con una pechuga de pollo cada plato.
10. Divida el resto de los INGREDIENTES: de crockpot entre los 4 platos y sirva. ¡A Disfrutar!

Tiempo Estimado De Direcciones:

Ingredientes:

- 1 lata pequeña de maíz o guisantes
- 1 cucharada de perejil
- 1 taza de nata
- 2 yemas de huevo
- 2 cucharadas de leche
- 1 kg de filete(s) de pescado blanco (bacalao, rape, etc.), o bien salmón
- 1 vaso de vino blanco
- 4 tomates
- 2 cebollas picadas
- 1 limón(s), con su zumo

- 3 hojas de laurel

- Grasa al gusto

Direcciones:

1. Precalentar el horno a 180°C.
2. Cortar los tomates en forma de cruz, escaldarlos brevemente en agua hirviendo y retirarlos.
3. Retirar la piel y cortar los tomates en rodajas.
4. Engrasar una cazuela, sartén u olla apta para el horno, disponer los filetes de pescado en ella y repartir las rodajas de tomate por encima.
5. Espolvorear o verter las cebollas, el laurel, el perejil, el vino y el zumo de limón. Cocer en el horno durante unos 15 minutos.
6. En una fuente de horno engrasada, coloca el maíz o los guisantes.
7. A continuación, repartir los filetes de pescado cocido y las rodajas de tomate por encima.

8. No vierta el caldo que ha quedado del pescado.
9. Bate las yemas de huevo con la leche, viértelas sobre la cazuela de pescado y hornea durante otros 25-30 minutos.
10. Se hierve el caldo de pescado con la nata hasta que espese y se sirve con la cazuela.

Pechuga De Pollo Oriental

Ingredientes:

- 1 cucharada de jengibre fresco rallado
- ½ cucharadita de harissa
- 1 cucharadita de mezcla de especias (masala)
- 1 cucharada de curry en polvo
- 1 calabacín cortado en dados
- 4 pechugas de pollo con piel (o muslos)
- 1 lata de leche de coco
- Sal y pimienta al gusto

Direcciones:

1. Colocar las pechugas de pollo y los dados de calabacín en una fuente de horno.

2. Ponga todos los demás INGREDIENTES: en un vaso mezclador y mézclelos bien, luego viértalos en la fuente de horno y hornee todo durante 1 hora a 175°C.

Siga Wot

Ingredientes:

- 2 cucharadas de mezcla de especias (berbere) etíopes
- 200 g de pasta de tomate
- 2 dientes de ajo
- Al gusto | jengibre en polvo
- Sal y pimienta al gusto
- Aceite al gusto
- 500 g | de carne de vacuno
- 3 cebollas
- Un poco de agua

Direcciones:

1. En primer lugar, picar las cebollas y freírlas en una sartén con un poco de aceite hasta que se doren.
2. Añade el berbere, mézclalo con las cebollas y fríelo brevemente.
3. Ahora añade el ajo prensado o picado y la pasta de tomate con un poco de agua y deja que todo se cocine a fuego lento durante unos 15 minutos.
4. A continuación, se añade la carne de vacuno a la salsa y se deja cocer, tapada, a fuego lento durante aproximadamente 1 hora hasta que la carne esté bien hecha.
5. Por último, sazonar con sal, pimienta y jengibre en polvo, si se desea.
6. Servir con injera.

Fideos Con Harissa De Soja Y Anacardo

Ingredientes:

- 2 cucharaditas de caldo de verduras, granulado, ecológico, sin potenciador del sabor

- 1 cucharadita, colmada, de Harissa, del vendedor de especias

- 251 g de crema de soja (Soyacuisine)

- 1 cucharada de aceite de colza

- 100 g de anacardos

- 750 ml de agua o agua de manantial

- 2 pizcas de sal (sal del Himalaya)

- 2 cucharadas de aceite de colza

- 2 cebollas rojas medianas

- 250 g de champiñones marrones

- 3 pimientos rojos, verdes y amarillos

- 4 dientes de ajo

- 1 cucharada, colmada, de pasta de tomate

- 150 g de fideos, (fideos integrales) retorcidos

Direcciones:

1. Poner el aceite en una sartén grande y alta y calentar a fuego medio. Limpiar los champiñones, cortarlos en cuartos, añadirlos al aceite caliente y freírlos hasta que se doren.

2. Pelar, cortar por la mitad y en dados gruesos las cebollas y añadirlas a los champiñones fritos.

3. Añadir la cucharada colmada de pasta de tomate y freír brevemente. Lavar, limpiar y cortar los pimientos en tiras, añadirlos y mezclar todo.

4. Condimentar con el caldo de verduras ecológico y la harissa.
5. Añadir también los dientes de ajo pelados y cortados en dados.
6. Vierta la Soyacuisine, mezcle y lleve a ebullición una vez. Poner la placa en el nivel 1 (de 6 niveles) y tapar la olla.
7. Deja que todo se cocine a fuego lento de 10 a 12 minutos, removiendo de vez en cuando.
8. Vierta el aceite en una sartén de poca profundidad.
9. Añade los anacardos y tuéstalos a fuego medio hasta que estén ligeramente dorados, removiendo de vez en cuando.
10. Añade el agua y 2 pizcas de sal del Himalaya a una cacerola.
11. Lleva todo a ebullición y añade la pasta integral.

12. Remover una vez y cocinar a fuego medio hasta que los fideos integrales estén aldentes (después de unos 10 minutos).
13. Escurre los fideos, colócalos en el centro de los platos y vierte la marissa de soja por encima.
14. A continuación, añade los anacardos calientes por encima.
15. Sugerencia: Poner la mesa con cucharas y tenedores.

Paletas De Melocotón Y Miel

Ingredientes:

- 4 cucharadas de hojas de albahaca fresca picadas
- 3 tazas de duraznos
- 3 cucharadas de miel

Direcciones:
1. Melocotones, pelados y picados.
2. Agregue miel, duraznos y albahaca en la licuadora y.
3. Mezclar hasta que esté suave.
4. Vierta la mezcla mezclada en los moldes para paletas heladas.
5. Coloque en el refrigerador durante aproximadamente 8 horas.
6. Sirve y disfruta.

Pudín Cremoso De Chocolate

Ingredientes:

- ½ taza de leche de coco
- ¼ taza de avellanas picadas
- 2 aguacate
- 1 ½ cucharadita de vainilla
- 1/3 taza de jarabe de arce
- 1/3 taza de cacao en polvo

Direcciones:
1. Aguacate, sacar la pulpa.
2. Mezcle aguacate, vainilla, sirope de arce, cacao en polvo y leche de coco.
3. Luego vierta en un procesador de alimentos y procese hasta que quede suave.

4. Divida el pudín en cuatro tazones y cubra con avellanas picadas. Sirve y disfruta.

Bocados De Pavo Al Balsámico Y Albaricoques

Ingredientes:

- 1 pechuga de pavo grande, sin piel, deshuesada y cortada en cubos.

- 1 cucharada de vinagre balsámico.

- 1 cebolla dulce picada.

- ¼ de cucharadita de copos de pimienta roja.

- 2 cucharadas de aceite de oliva.

- Sal y pimienta negra al gusto

- 1 taza de albaricoques deshuesados y cortados en cubos.

- ¼ de taza de caldo de pollo.

- 2 cucharadas de perejil picado.

Direcciones:

1. Calienta una sartén con el aceite a fuego medio-alto, añade el pavo y dóralo durante 3 minutos por cada lado.
2. Añadir la cebolla, los copos de pimienta y el vinagre y cocinar durante 5 minutos más.
3. Añada el resto de los INGREDIENTES:, excepto el perejil, mezcle, introduzca la bandeja en el horno y hornee a 380°F durante 50 minutos.
4. Repartir la mezcla en los platos y servir con el perejil espolvoreado por encima.

Pavo Con Chipotle Y Tomates

Ingredientes:

- 1 pechuga de pavo grande, sin piel, deshuesada y cortada en rodajas.
- 3 dientes de ajo picados.
- 3 chiles rojos picados.
- 4 cucharadas de pasta de chipotle.
- Ralladura de ½ limón.
- Zumo de 1 limón.
- 2 libras de tomates cherry, cortados por la mitad.
- 3 cucharadas de aceite de oliva.
- 1 cebolla roja, cortada en trozos grandes.
- Sal y pimienta negra al gusto.

- Un puñado de cilantro picado.

Direcciones:

1. Caliente una sartén con el aceite a fuego medio-alto, añada las lonchas de pavo y cocínelas durante 4 minutos por cada lado y páselas a una fuente de horno.
2. Vuelve a calentar la sartén a fuego medio-alto; añade la cebolla, el ajo y las guindillas y saltea durante 2 minutos.
3. Añade la pasta de chipotle, saltea durante 3 minutos más y vierte sobre las lonchas de pavo.
4. Mezcle las rebanadas de pavo con la mezcla de chipotle, agregue también el resto de los INGREDIENTES: excepto el cilantro, introduzca en el horno y hornee a 400°F durante 45 minutos.
5. Repartir todo en los platos, espolvorear el cilantro por encima y servir.

Pollo A La Parmesana Y Crema

Ingredientes:

- 1 cucharadita de cilantro molido.

- 1 cucharadita de copos de perejil.

- 2 dientes de ajo picados.

- 1 taza de crema de leche.

- Sal y pimienta negra al gusto.

- ¼ de taza de queso parmesano rallado.

- 1 y ½ libras de pechugas de pollo, sin piel, deshuesadas y cortadas en cubos.

- 1 cucharada de aceite de oliva.

- 1 cucharada de albahaca picada.

Direcciones:

1. Calentar una sartén con el aceite a fuego medio-alto, añadir el pollo, sal y pimienta y cocinar durante 3 minutos por cada lado.
2. Añadir el ajo y cocinar durante 1 minuto más.
3. Añada el resto de los INGREDIENTES:, excepto el parmesano y la albahaca, cocine todo a fuego medio durante 20 minutos y reparta en los platos.
4. Espolvorear la albahaca y el parmesano por encima y servir.

Bocadillo De Pimientos Rojos Asados

Ingredientes:

- 1 onza de queso parmesano-reggiano duro, rebanado en trozos delgados

- ½ taza de brotes de alfalfa

- 4–6 hojas de lechuga romana, rotas

- Sal y pimienta recién molida al gusto

- 1 pan de pita integral

- 2 piezas grandes de pimientos asados o 2 piezas grandes de pimiento rojo

- Decorar con unas aceitunas negras

Direcciones:

1. Divida el pan de pita por la mitad, abra el bolsillo de cada lado del pan y tueste ligeramente.
2. Inserte 1 pieza grande de pimiento asado en cada ½ bolsillo de pan pita; dividir el queso parmesano-reggiano, los brotes, la lechuga y agregar a cada bolsillo.
3. Espolvorea cada bolsillo con sal y pimienta al gusto. Servir adornado con aceitunas.

Envoltura De Cordero

Ingredientes:

- 2 dientes de ajo fresco, picado
- ½ libra de cordero magro molido
- Sal y pimienta recién molida al gusto
- 4 onzas de yogur natural sin grasa
- ¾ taza de pepino cortado en cubitos
- 1 cucharada de menta fresca picada
- 4 panes de pita de trigo integral (6 pulgadas) (no los abra)
- 1 taza de hojas de espinacas frescas picadas
- 1 taza de bulgur de grano medio
- ½ taza de tomates cortados en cubitos

- ½ taza de perejil fresco finamente picado

- ¼ taza de hojas de menta fresca, finamente picadas, sin tallos 2 cebolletas, en rodajas finas

- 2½ cucharadas de aceite de oliva virgen extra, dividido Jugo de ½ limón

- 4 onzas de queso feta sin grasa desmenuzado

Direcciones:

1. Cubra el bulgur en un recipiente con agua fría fresca hasta una profundidad de aproximadamente ½ pulgada.
2. Deje reposar hasta que se absorba el agua (unos 30 minutos). Pelusa con un tenedor para separar los granos.
3. Los granos deben estar regordetes y ligeramente húmedos; si está demasiado húmedo, extienda los granos sobre una toalla,

doble la toalla y estruje para eliminar el exceso de agua.
4. Combine los tomates, el perejil, la menta, las cebolletas y 2 cucharadas de aceite de oliva.
5. Agregue el bulgur y revuelva suavemente. Exprima el jugo de limón sobre la mezcla de tabulé y refrigere.
6. Caliente el aceite de oliva restante y saltee el ajo, el cordero y la sal y la pimienta a fuego medio-alto hasta que se dore, revolviendo constantemente para desmenuzar.
7. Escurrir bien y dejar reposar. Combine el yogur, el pepino y la menta en un tazón pequeño, revuelva bien y reserve.
8. Apila los panes de pita y envuélvelos en papel encerado; microondas a temperatura alta durante 45 segundos.
9. En un tazón, combine la mezcla de cordero, las espinacas y el queso feta.

10. Coloque con una cuchara ½ taza de la mezcla de tabulé y ¼ de la mezcla de cordero en el centro de cada ronda de pita.
11. Cubra con la mezcla de yogur y enrolle la pita.
12. Para asegurar, envuelva la parte inferior del pan de pita con papel encerado.

Envoltura De Vegetales

Ingredientes:

- 1 pimiento verde, cortado en tiras
- 2 calabacines medianos, cortados a lo largo en
- Rodajas de ½ pulgada de grosor Aceite de oliva virgen extra para rociar
- Cucharada de orégano seco desmenuzado
- ¼ de cucharada de romero seco desmenuzado
- Cucharadita de tomillo seco
- Lata (15 onzas) de garbanzos, enjuagados y escurridos
- ¼ de cucharadita de comino (opcional)
- Sal y pimienta recién molida al gusto
- Aerosol de cocina de aceite de oliva

- 2 tomates medianos, cortados en rodajas de ½ pulgada de grosor

- 2 pepinos pequeños, cortados a lo largo en rodajas de ½ pulgada de grosor

- 2 cebollas pequeñas, cortadas en rodajas de ½ pulgada de grosor

- 6 panes planos de trigo integral (8 a 10 pulgadas), brotes de alfalfa calientes (opcional)

Direcciones:
1. Rocíe la sartén antiadherente con aceite en aerosol.
2. Coloque los tomates, los pepinos, las cebollas, el pimiento verde y el calabacín en la sartén y rocíe con aceite de oliva.
3. Espolvorea con orégano, romero y tomillo, y asa durante 15 a 20 minutos a 425 grados.

4. Agregue los garbanzos y el comino, además de sal y pimienta al gusto, y cocine de 15 a 20 minutos adicionales hasta que estén tiernos.
5. Rellene el pan plano tibio con la mezcla de frijoles y verduras, cubra con brotes de alfalfa, si lo desea, enrolle y sirva.

Receta Fácil De Rollos De Sushi Filadelfia

Ingredientes:

- Repollo rojo, media taza
- Repollo verde, media taza
- Sal, un cuarto de cucharadita
- Arroz cocido, una taza
- Queso crema, media taza
- Salsa de pescado, una cucharada
- Salsa de soya, un cuarto de taza
- Cubitos de salmón, media libra
- Jengibre molido, a cuarto cucharilla
- Cortadonueces, dos cucharada
- Pimienta, la necesaria

- Cilantro, media taza

- Envolturas de wonton, según sea necesario

Direcciones:

1. Cocine sus trozos de salmón.
2. Triture los trozos de salmón y coloquelos en un tazón.
3. Mezcla todos los INGREDIENTES: para formar una pasta.
4. Agregue su mezcla en los envoltorios de wonton y envuelvelos en un rollo.
5. Puede servir sus rollos con salsa de soja o salsa de pescado si lo desea.
6. Tu plato está listo para ser servido.

Receta Fácil De Bacalao Al Horno Con Ajo Y Limón

Ingredientes:

- Caldo de verduras, una taza
- Pimentón ahumado, media cucharadita
- Trozos de filete de bacalao, una libra
- Ajo picado, dos cucharadas
- Jengibre picado, dos cucharadas
- Cilantro, media taza
- Aceite de oliva, dos cucharadas
- Tomates picados, una taza
- Jengibre rallado, dos cucharadas
- En polvocomino,unacucharada

- Sal al gusto

- Pimienta negra, al gusto

- Cúrcumapolvo, una cucharilla

- Cebolla, una taza

- Jugo de limón, media taza

Direcciones:
1. Toma una sartén.
2. Agregue el aceite y las cebollas.
3. Cocine las cebollas hasta que se vuelvan suaves y fragantes.
4. Agregue el ajo picado y el jengibre.
5. Cocine la mezcla y agregue los tomates en ella.
6. Añadir las especias, el zumo de limón y el bacalao.
7. Mezcle el bacalao para que los tomates y las especias cubran todo el bacalao.
8. Hornear el bacalao durante quince minutos.

9. Cuando el bacalao esté listo, agregue el cilantro.
10. 10 Tu plato está listo para ser servido.

Ensalada De Cítricos

Ingredientes:

- 12 oz de trozos de piña enlatados envasados en almíbar, sin escurrir
- 2 pomelos
- 1/ 2 cucharaditas de agua de rosas
- 1/2 taza en rodajas blanqueadasAlmendras

Direcciones:

1. pelar toronjasy quitar la fruta de las membranas; colocar en un tazón grande. Espolvorear con almendras.
2. Combine el jarabe de piña con agua de rosas.
3. Vierta la mezcla sobre la toronja; agregar piñatrozos y revuelva para combinar bien.
4. Cubra y enfríe durante 15 minutos. Atender.

Ensalada De Pasta Mediterránea

Ingredientes:

- 1 diente de ajo picado
- Sal y pimienta a gusto
- 1 taza de tomates cherry
- 1 taza de ají amarillo cortado en trocitos
- 1 taza de zanahoria rallada
- ½ taza de aceitunas
- 2 tazas de pasta (rigatoni)
- 1/5 taza de mayonesa
- 2 cucharadas de aceite de oliva
- 1 cucharada de jugo de limón

Direcciones:

1. Cocine la pasta una vez lista cuele la pasta y deje enfriar.
2. Mezcle la mayonesa, el aceite de oliva , el jugo de limón, el ajo, el pimiento amarillo y luego agregue la pasta.
3. Agregue los tomates , la zanahoria , y las aceitunas.
4. Mezcle y sirva

Sándwich De Queso Mediterráneo

Ingredientes:

- 30 gramos de queso feta
- 2 tazas de espinaca fresca
- 4 rebanadas de tomate
- 2 cucharadas de aceitunas negras cortadas en rebanadas
- ½ cebolla
- 2 rebanadas de pan (a gusto)
- 1 cucharada de aceite de oliva
- 60 gramos de queso mozarela rallado
- Un poco de ajo picado

Direcciones:

1. Calentar en una sartén 1 cucharada de aceite de oliva a fuego moderado.
2. Agregar el ajo y la espinaca , revolver constantemente por unos minutos.
3. Coloque en un plato 1 rebanada de pan y coloque el queso mozarela, luego el queso feta y la espinaca.
4. Sobre a espinaca coloque los tomates, la cebolla y las aceitunas, finalmente coloque la otra rebanada de pan
5. En una sartén a fuego moderado coloque 1 cucharada de aceite de oliva y cuando esté caliente sofría el sándwich por 2 o 3 minutos y luego delo vuelta y sofría por unos 2 o 3 minutos. Sirva inmediatamente..

Bolígrafos Con Brócoli

Ingredientes:

- Guindilla, 1 lata de atún, 80 gr.

- Aceitunas Taggiasca al gusto

- 2 cucharadas rasas de queso parmesano

- Sal al gusto Pimienta al gusto

- 1/2 col de brócoli de tamaño mediano

- 160 g. de Penne, 1 diente de ajo

- 2 cucharadas. de Aceite de Oliva Virgen Extra

Direcciones:

1. Limpiar los brócoli, reducirlos a floretes y escaldarlos durante 5 minutos (completar la cocción en la sartén con la salsa).
2. Las escurrimos bien y luego las vertemos en una sartén con un chorrito de aceite en la que

hemos dorado y luego sacamos un diente de ajo machacado y 2 guindillas secas.
3. Añadimos las aceitunas Taggiasca y dejamos cocer a fuego fuerte.
4. Escurrir los penne al Chiodo y sumergirlos en la salsa (reservar la salsa y luego servirlos individualmente).
5. Añadir un poco de agua de cocción de la pasta + 2 cucharadas de queso parmesano rallado.
6. Agregue pimienta al gusto (recién molida) y saltee la pasta en la salsa a fuego alto. La Pasta Con Brócoli Y Atún está lista; servimos añadiendo el aliño reservado en los platos. ¡Disfrute de su comida!

Pasta Con Alcachofas

Ingredientes:

- Aceite de Oliva Virgen Extra al gusto
- (alrededor de 2 cucharadas)
- 1 diente de ajo
- 25 g. De Pecorino
- Sal al gusto.
- 2 Alcachofas
- 160 g. por Pasta Penne
- Pimienta según sea necesario. perejil al gusto

Direcciones:

1. Para hacer pasta con alcachofas, cuidemos de limpiar estas verduras: quitar las hojas

exteriores, cortarlas en 2 y luego en rodajas; limpia los tallos y córtalos en tiras.
2. Ponemos las alcachofas limpias en un bol con agua y limón para evitar que se pongan negras.
3. Si lo deseas, consulta la guía para lavar y cortar alcachofas de forma rápida y satisfactoria.
4. En una sartén grande, dore un diente de ajo en una ronda de aceite de oliva virgen extra (unas 2 cucharadas), agregue las alcachofas en rodajas y los tallos en los 2 lados opuestos de la sartén, cocine por un par de minutos, y luego revuelva con unos 50 mililitros de agua y una pizca de sal.
5. Cubra la sartén con las alcachofas y déjalas cocinar durante unos 15 minutos a fuego alto.
6. También ponemos una olla de agua al fuego para cocer la pasta.

7. Hervimos la pasta en agua con sal. Retiramos los ajos de la sartén con la salsa.
8. Disponemos las alcachofas cocidas en un plato y los tallos en el vaso de la mezcla.
9. Añadir 20 g de pecorino troceado y un par de cucharones del agua de cocción de la pasta. Operar la batidora de inmersión y formar la crema.
10. Transfiera la crema de tallos de alcachofa a la sartén, escurra los penne al dente y pásese por la salsa, agregue el perejil fresco picado, una pizca de pimienta y mezcle.
11. La Pasta Con Alcachofas está lista. Disponer en platos individuales.
12. Si te gusta, añade unas hojuelas de pecorino a los platos individuales de pasta y alcachofas. ¡Disfrute de su comida!

Pasta Con Camarones A La Puttanesca

Ingredientes:

- 1 lata mediana de salsa de tomate, sin sal añadida

- 1 ¼ c. De corazones de alcachofa, cortados en cuartos (comprar congelados o enlatados; escurrir si están enlatados)

- ¼ c. De aceitunas kalamata, picadas y picadas.

- 1 T. De alcaparras, enjuagadas

- ¼ cucharadita. de sal

- 8 oz. De fideos linguini refrigerados frescos, de trigo integral si es posible

- 1 T. de aceite de oliva extra virgen

- 1 libra de camarones grandes, pelados y desvenados (frescos o congelados y descongelados)

Direcciones:
1. Coloque una olla grande de agua en un quemador de estufa a fuego alto y caliente hasta que el agua hierva.
2. Cocine los linguini según las Direcciones: del paquete y luego escúrralos.
3. Vierta el aceite en una sartén grande y calentarlo a fuego alto.
4. Coloque los camarones en aceite caliente en una sola capa.
5. Cocínelos sin moverlos durante 2 a 3 minutos hasta que los fondos estén dorados.
6. Luego agregue la salsa de tomate y agregue las alcaparras, la sal, las aceitunas y los corazones de alcachofas.
7. Continúe revolviendo y cocinando esta mezcla durante 2 a 3 minutos más, hasta que los

camarones estén bien cocidos y los corazones de alcachofas estén calientes.

8. A la salsa, agregue los fideos cocidos escurridos y mezcle.

9. Para servir, divida los fideos y la salsa entre 4 platos o tazones. ¡A Disfrutar!

Pizza De Pan De Avena Con Pesto De Espinacas Y Frijoles Blancos

Ingredientes:

- ¼ de taza de almendras naturales crudas
- ¼ c. albahaca fresca, cortada en trozos
- 2 T. de agua
- ¼ cucharadita de sal, y adicional para espolvorear
- 1/8 cucharadita de pimienta negra
- ½ c. De tomates cherry o de uva a la mitad
- ½ c. De corazones de alcachofa marinados, picados ásperos
- 1/2 t de un aguacate mediano, en rodajas finas

- ¼ de cebolla roja pequeña, cortada en rodajas finas
- 2 onzas de queso feta con hierbas mediterráneas
- 3 trozos de pan naan o pita (aproximadamente 78 g. Cada uno, preferiblemente de trigo integral)
- 2/3 c. De canelinos enlatados o grandes frijoles del norte, enjuagados y escurridos
- 2 tazas de espinacas
- 1 cucharada de aceite de oliva extra virgen

Direcciones:
1. Encienda el horno y ajústelo a 350 grados Fahrenheit.
2. En una bandeja para hornear, coloque las 3 piezas de pan de pita o naan.

3. En un procesador de alimentos, agregue los siguientes INGREDIENTES: sal, pimienta, agua, albahaca, frijoles blancos, espinacas, almendras y albahaca.
4. Licúe para hacer puré hasta que sea casi totalmente suave.
5. Con una cuchara, extienda este pesto de manera uniforme sobre los pedazos de pan.
6. Coloque lo siguiente sobre el pesto: rodajas de cebolla, rebanadas de aguacate, corazones de alcachofa picados y tomates a la mitad. Espolvoree el queso y un poco de sal encima de cada uno.
7. Coloque el molde en el horno y déjelo hornear durante aproximadamente 10 minutos, o hasta que el pan esté crujiente.
8. Deje que se enfríe un poco, luego corte cada pan plano en 4 pedazos con un cortador de pizza. ¡Servir y a disfrutar!

Cazuela De Cuscús Marroquí

Ingredientes:

- 150 g de queso feta
- 400 ml de caldo de verduras
- 500 g de yogur
- 1 puñado de menta
- 2 cucharaditas de cilantro en polvo
- 2 cucharaditas de comino en polvo
- 1 rama de canela
- Sal y pimienta al gusto
- Azúcar al gusto
- 350 g | filete(s) de pechuga de pollo
- 250 g de cuscús

- 350 g de tomate(s)

- 1 manojo de cebollas tiernas

- 200 g de zanahoria

- Aceite de oliva al gusto

- Mantequilla al gusto

Direcciones:

1. Primero pela y ralla las zanahorias, luego lava los tomates y córtalos en gajos.
2. Limpiar y picar las cebolletas y lavar el filete de pechuga de pollo, volver a mojar (¡!) y sazonar con pimienta.
3. Lleva a ebullición 350 ml de caldo de verduras, cuece las zanahorias en él durante unos 2 minutos, retira la olla del fuego y añade el cuscús con la rama de canela y la mantequilla y tapa la olla.

4. Mientras tanto, puedes calentar el aceite de oliva en una sartén lo más grande posible y dorar la carne.
5. Antes de que se cocine del todo, empuja la carne hacia el borde y mezcla en el caldo el comino y el cilantro. (Si te gusta, también puedes añadir chile.)
6. Remueve de vez en cuando durante unos 1 o 2 minutos, luego añade los tomates con las cebolletas y mezcla con el caldo espeso.
7. Ahora añade una cucharada de aceite al cuscús y aflójalo con un tenedor.
8. Coloca todo en capas en una fuente de horno y añade el queso feta picado.
9. Ahora vierte el resto del caldo de verduras por encima y hornea de 10 a 15 minutos en el horno de convección a 200°C.
10. Añade una pizca de sal y azúcar al yogur, pica la menta y mézclala también.
11. Sirve el dip con la cazuela.

Estofado De Carne En Conserva De Ghana

Ingredientes:

- ½ pt. | Tomate(s), colado(s)
- 1 lata | de carne en conserva, brasileña o argentina
- pimienta, chile o piperita rallada al gusto
- Hierbas de Provenza, al gusto
- 1 | ajo, machacado
- 1 | hoja de laurel
- Aceite
- 3 | Cebolla(s)
- al gusto nuez moscada, rallada
- posiblemente | sal

Direcciones:

1. Picar las cebollas y freírlas en el aceite hasta que estén transparentes.
2. Sofreír las especias brevemente.
3. A continuación, añadir los tomates colados.
4. Cuando todo esté caliente, añadir la carne en conserva y picarla.
5. Cuando se calienta, se desintegra, entonces se crea una salsa blanda picante, que sabe muy bien con arroz, espaguetis o incluso patatas.

www.ingramcontent.com/pod-product-compliance
Lightning Source LLC
LaVergne TN
LVHW010219070526
838199LV00062B/4651